Impressum
Verlag: BABADADA GmbH, Nedderfeld 112 , 22529 Hamburg
Geschäftsführer / Verlagsleitung: Harald Hof
Druck: Books on Demand GmbH, In de Tarpen 42, 22848 Norderstedt

Imprint
Publisher: BABADADA GmbH, Nedderfeld 112 , 22529 Hamburg, Germany
Managing Director / Publishing direction: Harald Hof
Print: Books on Demand GmbH, In de Tarpen 42, 22848 Norderstedt, Germany

škola

ትምህርት ቤት

dělit
ማካፈል
186/2
tabule
ሰሌዳ
třída
መማሪያ ክፍል
školní hřiště
የትምህርት ቤት ቅጥር ግቢ
učitel
መምህር
papír
ወረቀት
psát
መፃፍ
pero
እስክሪብቶ
psací stůl
መፃፊያ ጠረጴዛ
pravítko
ማስመሪያ
kniha
መጽሐፍ
žák
ማሪ

aktovka

የጀርባ ቦርሳ

penál

የእርሳስ መያዣ

tužka

እርሳስ

ořezávátko

የእርሳስ መቅረጫ

guma

ጿስ

blok na kreslení

የስዕል ደብ ር

výkres

ዕል

štětec

የቀለም ብሩሽ

malířské potřeby

የቀለም ጥን

nůžky

ቀ

lepidlo

ማጣበቂያ

cvičebnice

ል ጀ ደብተር

domácí úkol

የ ት ራ

12

počet

ቁጥር

2+2

sčítat

ደ ር

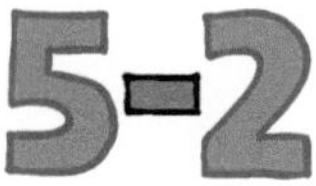

5-2

odčítat

ቀነ

2×2

násobit

ማባዛት

počítat

ቁጥሮችን ማ ላት

A

písmeno

ደብዳ

ABCDEFG
HIJKLMN
OPQRSTU
VWXYZ

abeceda

ፊደላት

slovo

ቃል

text

ፅሑፍ

číst

ማንበብ

křída

ጠመኔ

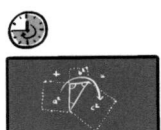

hodina

ትምህርት

třídní kniha

ምዝገባ

zkouška

ፈተና

vysvědčení

ሰርተፊኬት

školní uniforma

የትምህርት ቤት የደንብ ልብስ

vzdělání

ትምህርት

encyklopedie

አዉደ ጥበብ

univerzita

ዩኒቨርስቲ

mikroskop

የምርምር አጉሊ መሳርያ

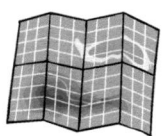

karta

ካርታ

odpadkový koš na papír

የቆሻሻ ወረቀት መጣያ ቅርጫት

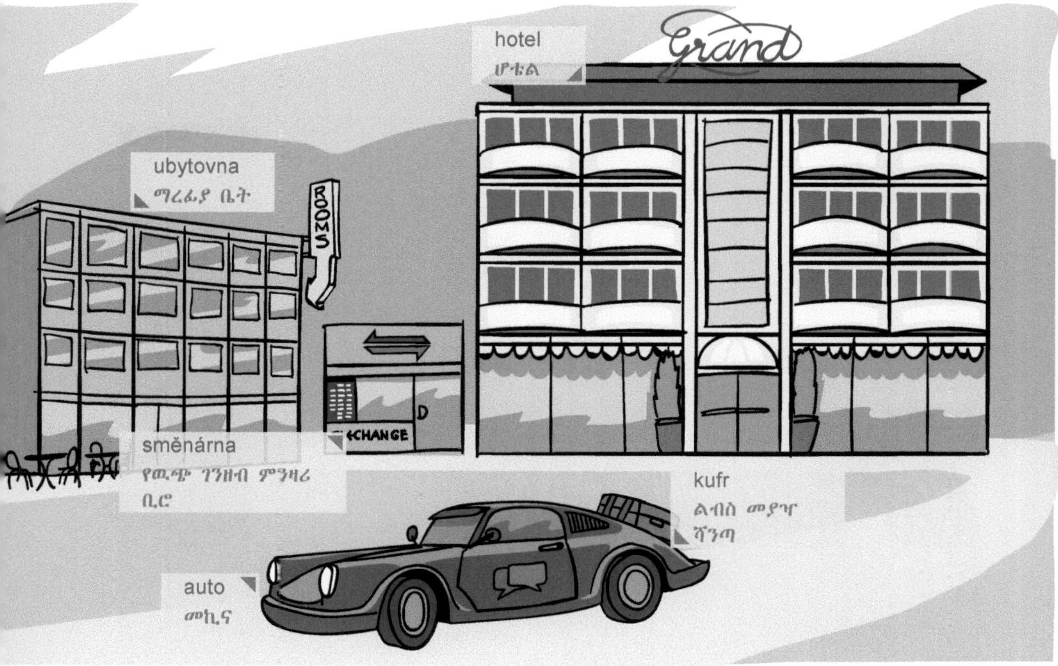

hotel
ሆቴል

ubytovna
ማረፊያ ቤት

Grand

ROOMS

směnárna
የዉጭ ገንዘብ ምንዛሪ
ቢሮ

CHANGE

kufr
ልብስ መያዣ
ሻንጣ

auto
መኪና

jazyk
ቋንቋ

ano / ne
አዎ/ አይደለም

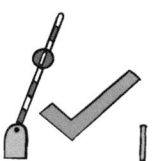

oukej
እሺ

Ahoj!
ሰላም

překladatel
አስተርጓሚ

děkuji
አመሰግናለሁ

Kolik stojí...?

ስንት ነዉ.......?

nerozumím

አልገባኝም

problém

እክል

Dobrý večer!

እንደምን አመሹ!

Dobré ráno!

እንደምን አደሩ!

Dobrou noc!

መልካም ምሽት!

na shledanou

ደህና ይሰንብቱ

směr

አቅጣጫ

zavazadlo

ሻንጣ

taška

ቦርሳ

batoh

የጀርባ ቦርሳ

host

እንግዳ

pokoj

ክፍል

spací pytel

የመተኛ ቦርሳ

stan

ድንኳን

turistické informace	pláž	kreditní karta
የጎብኚዎች መረጃ	የባህር ዳርቻ	ክሬዲት ካርድ

snídaně	oběd	večeře
ቁርስ	ምሳ	እራት

jízdenka	výtah	poštovní známka
ቲኬት	አሳንስር	ማህተም

hranice	clo	poselství
ድንበር	ባህሎች	ኤምባሲ

vízum	pas	
ቪዛ/የይለፍ ወረቀት	ፓስፖርት	

transport

መጓጓዣ

letadlo
አዉሮፕላን
loď
መርከብ
hasičský vůz
የእሳት አደጋ መኪና
autobus
nákladní vůz
የጭነት መኪና
motorový člun
የሞተር ጀልባ
kolo
ብስክሌት
auto
መኪና

přívoz

የማመላለሻ ጀልባ

člun

ጀልባ

motorka

የሞተር ብስክሌት

policejní auto

የፖሊስ መኪና

závodní auto

የዉድድር መኪና

pronajaté auto

የኪራይ መኪና

sdílení aut

የመኪና መጋራት

odtahová služba

ጎታች መኪና

popelářský vůz

የቆሻሻ ጭነት መኪና

motor

ሞተር

palivo

ነዳጅ

čerpací stanice

የቤንዚን ማደያ

dopravní značka

የመንገድ ምልክት

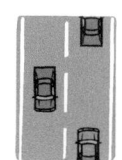

doprava

የመኪኖች እንቅስቃሴ

dopravní zácpa

የመኪና መጨናነቅ

parkoviště

የመኪና ማቆሚያ

vlakové nádraží

የባቡር ጣቢያ

koleje

የባቡር ሀዲዶች

vlak

ባቡር

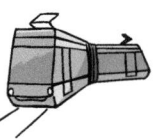

tramvaj

የኤሌክትሪክ ባቡር

vagón

ረገላ

helikoptéra

ሄሊኮፕተር

letiště

አየር ማረፊያ

věž

ማማ

pasažér

መንገደኛ

kontejner

ማስቀመጫ፤ ማጠራቀሚያ

kartón

ካርቶን እቃ ማሸጊያ

trakař

ጋሪ፤ ተሳቢ

koš

ቅርጫት

vzlétnout / přistát

መነሳት/ ማረፍ

město

ከተማ

vesnice

መንደር

střed města

የከተማ ማዕከል

dům

ቤት

kino
ሲኒማ
reklama
ማስታወቂያ
pouliční lampa
የመንገድ ዳር መብራት
ulice
መንገድ
taxi
ታክሲ
kiosek
የቁርስ መቆያ ሱቅ
chodec
እግረኛ
chodník
ድንጋይ የተነጠፈበት የእግረኛ መንገድ
zebra pro chodce
የእግረኛ መሻገሪያ
popelnice
የቆሻሻ ማጠራቀሚያ
křižovatka
ማቋረጫ
semafor
የትራፊክ መብራቶች

chata
ጎጆ

byt
አፓርታማ

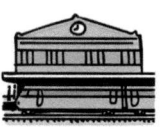

vlakové nádraží
የባቡር ጣቢያ

radnice
የከተማ አዳራሽ

muzeum
ቤተ መዘክር

škola
ትምህርት ቤት

univerzita

ዩኒቨርስቲ

banka

ባንክ

nemocnice

ሆስፒታል

hotel

ሆቴል

lékárna

መድሐኒት ቤት

kancelář

ቢሮ

knihkupectví

መፅሐፍ መሸጫ

obchod

ሱቅ

květinářství

የአበባ መሸጫ

supermarket

የሸቀጣ ሸቀጥ መደብር

tržnice

ገበያ ስፍራ

obchodní dům

መደብር

rybárna

የዓሳ ነጋዴ

nákupní centrum

የገበያ ማዕከል

přístav

ወደብ

park

መናፈሻ ቦታ

lavička

ግዳሚ ወንበር

most

ድልድይ

schody

ደረጃዎች

metro

ዉስጥ ለዉስጥ

tunel

ዋሻ

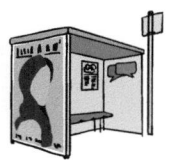

autobusová zastávka

የ ዉቶቡስ ፌርማታ

bar

ባር

restaurace

ምግብ ቤት

poštovní schránka

የፖስታ ሳጥን

pouliční tabule

የመንገድ ምልክት

parkovací hodiny

የመኪና ማቆሚያ ሒሳብ የሚያሰላ ማሽን

zoo

የደር እንስሳት ማቆያ

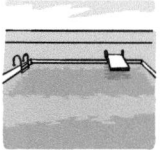

plovárna

የመዋኛ ገንዳ

mešita

መስጊድ

usedlost

እርሻ

znečišťování životního prostředí

የሚበክል ነገር

hřbitov

መቃብር ስፍራ

církev

ቤተ ክርስቲያን

hřiště

መጫወቻ ሜዳ

chrám

ቤተ መቅደስ

krajina

መልከዓምድር

list
ቅጠል

rozcestník
የመንገድ ላይ
ምልክት

cesta
መንገድ

louka
አረንጓዴ መስክ

kámen
ድንጋይ

turista
በእግሩ የሚጓዝ

strom
ዛፍ

řeka
ወንዝ

tráva
ሳር

květina
አበባ

údolí

ሸለቆ

hora

ኮረብታ

jezero

ሀይቅ

les

ጫካ

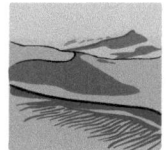

poušť

በረሃ

sopka

እሳተ ገሞራ

zámek

ግምብ

duha

ቀስተ ዳመና

houba

እንጉዳይ

palma

የቴምብር ዛፍ/ ዘንባባ

komár

ቢንቢ/ የወባ ትንኝ

moucha

በራሪ

mravenec

ጉንዳን

včela

ንብ

pavouk

ሸረሪት

brouk

ጢንዚዛ

žába

እንቁራሪት

veverka

ሽኮኮ

ježek

ጃርት

zajíc

ጥንቸል

sova

ጉጉት ወፍ

pták

ወፍ

labuť

የዉሃ ዳክዬ

divoké prase

ከርከሮ

jelen

አጋዘን

los

አጋዘን

přehrada

ግድብ

větrné kolo

በነፋስ የሚሽከረከር

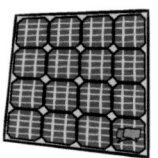

solární panel

የፀሀይ ፓኔሎ

podnebí

አየር ንብረት

číšník
አስተናጋጅ
jídelní lístek
ማውጫ
židle
ወንበር
polévka
ሾርባ
pizza
ፒዛ
příbor
መክተፊያ
ubrus
የጠረጴዛ ጨርቅ

předkrm
....
የምግብ ፍላጎትን የሚከፍት ምግብ

hlavní chod
....
ዋና ምግብ

dezert
....
ማጣጣሚያ ተከታይ ምግብ

nápoje
....
መጠጦች

jídlo
....
ምግብ

láhev
....
ጠርሙስ

rychlé občerstvení

ፈጣን ምግብ

pouliční občerstvení

የመንገድ ምግብ

čajová konvice

የሻይ ማንቆርቆሪያ

cukřenka

የስኳር እቃ

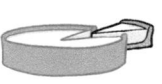

porce

ድርሻ

kávovar na espresso

የቡና ማፊያ ማሽን

dětská stolička

ባለጌ ወንበር

faktura

የክፍያ ደረሰኝ

tác

ትሪ

nůž

ቢላዋ

vidlička

ሹካ

lžíce

ማንኪያ

čajová lyžička

የሻይ ማንኪያ

ubrousek

ልብስ ምግብ እንዳይነካ የሚረዳ
ጨርቅ

sklenička

ብርጭቆ

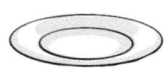

talíř

....

ዝርግ ሰሀን

talíř na polévku

....

የሾርባ ጎድጓዳ ሰሀን

podšálek

....

የስኒ ማስቀመጫ

omáčka

....

ማጣፈጫ ስጎ

slánka

....

የጨዉ እቃ

mlýnek na pepř

....

የተፈጩ ቃሪያ

ocet

....

ኮምጣጤ

olej

....

የምግብ ዘይት

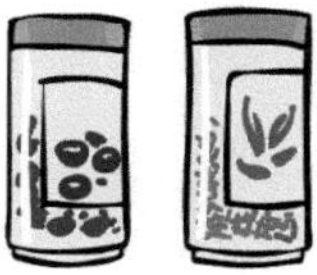

koření

....

ቀመማ ቅመሞች

kečup

....

የቲማቲም ድልህ

hořčice

....

ሰናፍጭ

majonéza

....

ማዮኒዝ

supermarket

የሸቀጣ ሸቀጥ መደብር

nabídka
ልዩ አቅራቦት
FOR
zákazník
ደምበኛ
mléčné výrobky
የወተት ተዋፅዖ
ovoce
ፍራፍሬ
nákupní vozík
ባለ ጎማ የእጅ ጋሪ

masna

ሉካንዳ ነጋዴ

pekařství

መጋገርያ

vážit

ክብደት መመዘን

zelenina

ቅጠላ ቅጠል አትክልት

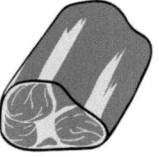

maso

ስጋ

mražené potraviny

የቀዘቀዘ/የረጋ ምግብ

obložený talíř

ቀዝቃዛ ቁራጭ

konzervy

የታሸገ ምግብ

prací prášek

የማጠቢያ ዱቄት

cukrovinky

ጣፋጮች

výrobky pro domácnost

የቤት ውስጥ ዉጤቶች

čisticí prostředek

የፅዳት ምርቶች

prodavačka

የሽያጭ ባለሙያ

pokladna

የገንዘብ መመዝቢያ ማሽን

pokladní

የሒሳብ ሰራተኛ

nákupní seznam

የግዢ ዝርዝር

otevírací doba

ክፍት ሰዓታት

peněženka

የኪስ ቦርሳ

kreditní karta

ክሬዲት ካርድ

taška

ቦርሳ

igelitová taška

የፕላስቲክ ቦርሳ

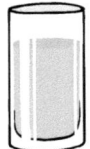

nápoje

መጠጦች

voda

ውሃ

džus

ጭማቂ

mléko

ወተት

kola

ኮካ-ኮላ

víno

ወይን

pivo

ቢራ

alkohol

አልኮል

kakao

ኮካ

čaj

ሻይ

káva

ቡና

espresso

የተፈላ ቡና

kapučíno

ካፑቺኖ

banán

ሙዝ

jablko

ፖም

pomeranč

ብርቱካን

meloun

ሀብሀብ

citrón

ሎሚ

mrkev

ካሮት

česnek

ነጭ ሽንኩርት

bambus

ሸምበቆ

cibule

ቀይ ሽንኩርት

houba

እንጉዳይ

ořechy

ለዉዝ

těstoviny

የህፃናት ምግብ

špageti

ፓስታ

rýže

ሩዝ

salát

ሰላጣ

hranolky

የድንች ጥብስ

americké brambory

ድንች ጥብስ

pizza

ፒዛ

hamburger

ዳቦ ዉስጥ በስሱ ተጠብሶ የገባ ስጋ

sendvič

ሳንድዊች

řízek

ጥሬ ስጋ

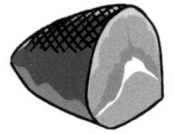

šunka

የአሳማ ስጋ

salám

በቅመምና በጨዉ የታሸ ምግብ ቀዝቅዞ የሚበላ ሾርባ ምግብ

salám

ቋሊማ

kuře

ዶሮ

pečeně

ጥብስ

ryby

አሳ

ovesné vločky

የአጃ ገንፎ

müsli

ከወተት ጋር ተደባልቀዉ የሚበሉ ምግቦች

vločky

የበቆሎ ቅርፊት

mouka

ዱቄት

croissant

ኩራሳ

houska

ድብልብል ዳቦ

chléb

ዳቦ

toast

መጥበስ

sušenky

ብስኩት

máslo

ቅቤ

tvaroh

እርጎ

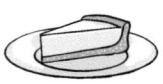

buchta

ኬክ

vejce

እንቁላል

volské oko

እንቁላል ጥብስ

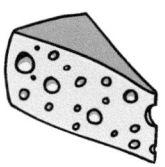

sýr

አይብ

zmrzlina

የበረዶ ክሬም

cukr

ስኳር

med

ማር

marmeláda

ማርማላት

nugátový krém

የተናጠ የወተት ክሬም

kari

ማጣፈጫ

usedlost
እርሻ

selské stavení
የገበሬ ቤት
stodola
የእህልና የከብት ማቀመጫ ቤት
balík slámy
pole
ሜዳ
kůň
ፈረስ
přívěs
ተሳቢ መኪና
hříbě
የፈረስ ውርንጭላ
traktor
የእርሻ መኪና
osel
አህያ
ovce
በግ
jehně
የበግ ጠቦት

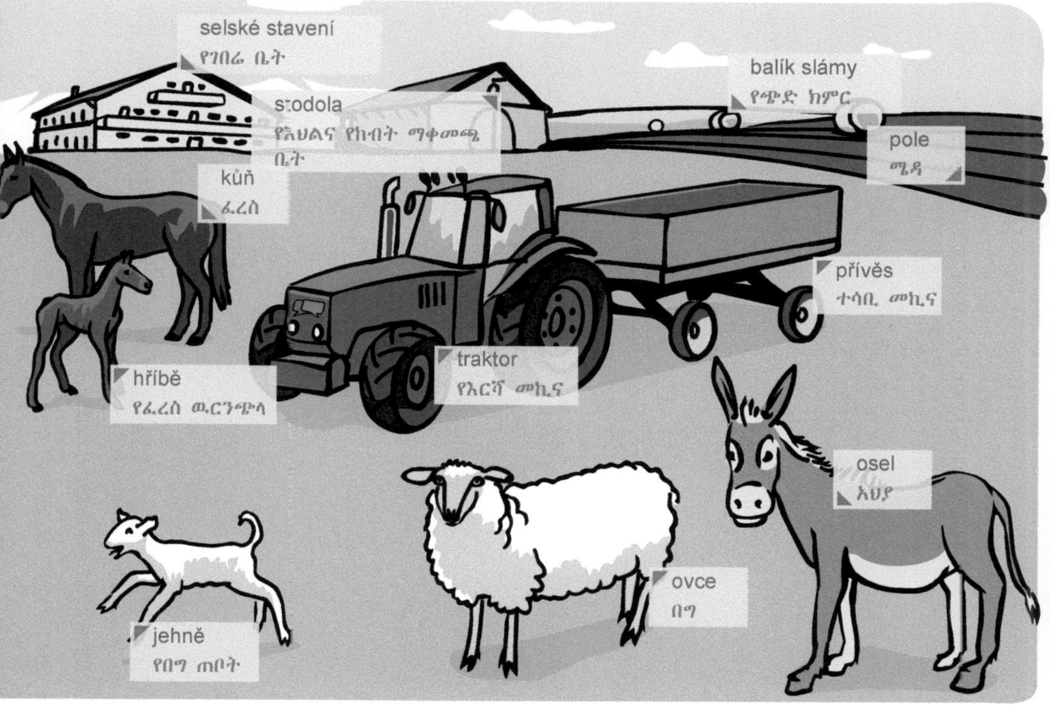

koza
ፍየል

kráva
ላም

tele
ጥጃ

prase
አሳማ

sele
ግልገል አሳማ

býk
ኮርማ

husa

ዝይ

kachna

ዳክዬ

kuře

የዶሮ ጫጩት

slepice

ዶሮ

kohout

አዉራ ዶሮ

krysa

አይጥ

kočka

ደድመት

myš

አይጥ

vůl

በሬ

pes

ዉሻ

psí bouda

የዉሻ ቤት

zahradní hadice

የአትክልት ቦታ

kropicí konev

ዉሃ ማጠጫ ባልዲ

kosa

ረጅም ማጭድ

pluh

ማረሻ

srp

ማጭድ

motyka

መኮትኮቻ

vidle

የእህል መንሽ

sekera

መጥረቢያ

kolecko

ኩርኩር/ የእጅ ጋሪ

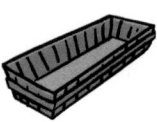

koryto

ገንዳ

konev na mléko

የወተት ዕቃ

pytel

ጆንያ ከረጢት

plot

አጥር

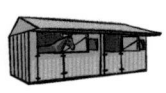

stáj

የፈረስ ጋጣ

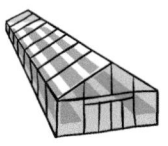

skleník

ዕፅዋት ማሳደጊያ የመስታዉት ቤት

půda

አፈር

osivo

ዘር

hnojivo

የመሬት ማዳበሪያ

kombajn

ጥምር ማረሻ

sklidit

አዝመራ መሰብሰብ

sklizeň

አዝመራ

smldinec

ድንች

pšenice

ስንዴ

sója

ሶያ

brambora

ድንች

kukuřice

በቆሎ

řepka

የከብት መኖ

ovocný strom

የፍሬ ዛፍ

maniok

የካሳቫ ዛፍ

obilí

እህል

dům

ቤት

komín
የጪስ ማውጫ
střecha
ጣራ
okap
okno
መስኮት
zvonek
የበር ደወል
garáž
ጋራዥ
dveře
በር
popelnice
የቆሻሻ ማጠራቀሚያ
dopisní schránka
ፖስታ ሳጥን
zahrada
የአትክልት ቦታ

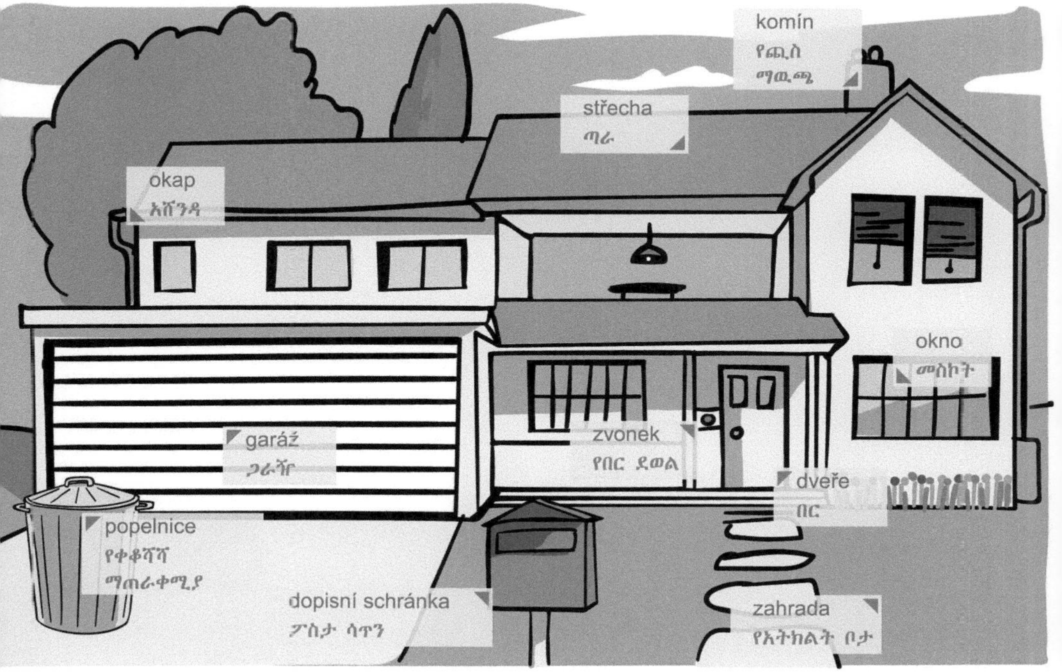

obývací pokoj

ሳሎን

koupelna

መታጠቢያ ቤት

kuchyně

ማድቤት

ložnice

መኝታ ቤት

dětský pokoj

የልጅ ክፍል

jídelna

መመገቢያ ክፍል

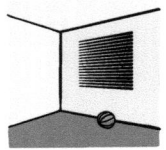

podlaha

ወለል

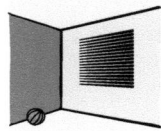

zeď

ግድግዳ

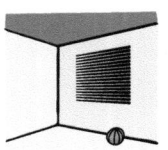

deka

ጣሪያ

sklep

ምድር ቤት

sauna

በእንፋሎት ሙቀት መታጠቢያ
ቤት

balkón

ሰገነት

terasa

ከፍ ያለ መደብ

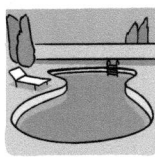

bazén

የመዋኛ ገንዳ

sekačka na trávu

የማጨጃ መኪና

ložní prádlo

አንሶላ

lůžková přikrývka

የአልጋ ልብስ

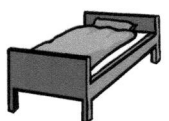

postel

አልጋ

smeták

መጥረጊያ

kýbl

ባልዲ

vypínač

ማብሪያና ማጥፊያ

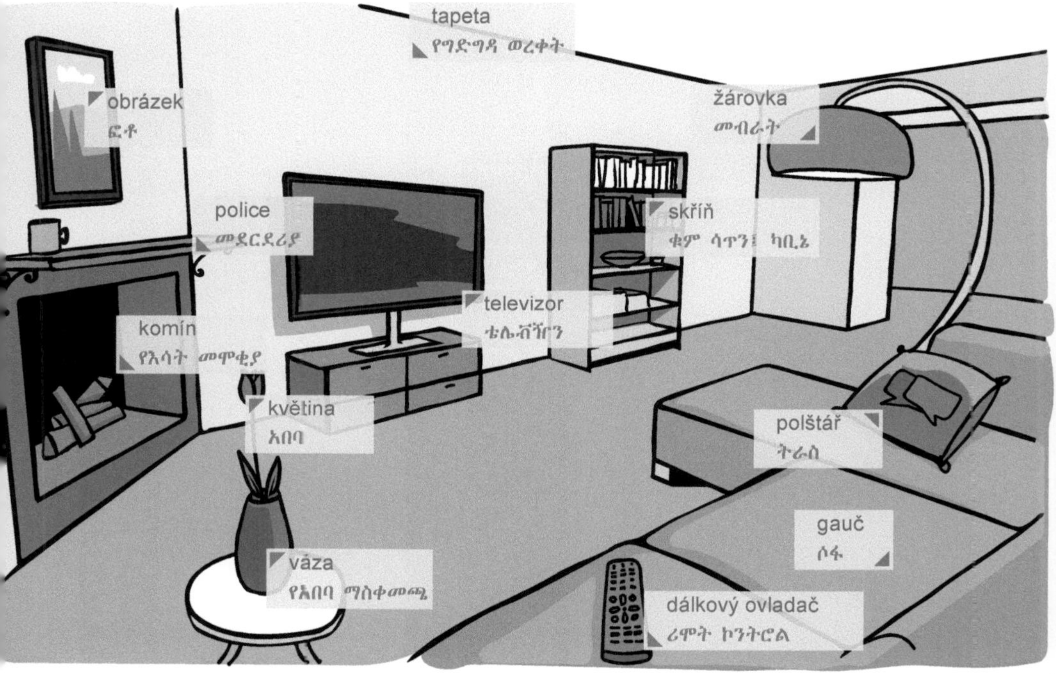

tapeta
የግድግዳ ወረቀት

obrázek
ፎቶ

žárovka
መብራት

police
መደርደሪያ

skříň
ቁም ሳጥን፣ ካቢኔ

komín
የእሳት መሞቂያ

televizor
ቴሌቪዥን

květina
አበባ

polštář
ትራስ

gauč
ሶፋ

váza
የአበባ ማስቀመጫ

dálkový ovladač
ሪሞት ኮንትሮል

koberec
ንጣፍ

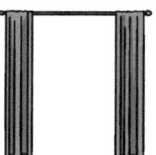

závěs
መጋረጃ

stůl
ጠረጴዛ

židle
ወንበር

houpací křeslo
ተወዛዋዥ ወንበር

křeslo
ባለመደገፊያ ወንበር

kniha

መጽሐፍ

strop

ብርድ ልብስ

ozdoba

ጌጥ

palivové dříví

ማገዶ

film

ፊልም

stereo souprava

የሙዚቃ መማጫወቻ

klíč

ቁልፍ

noviny

ጋዜጣ

malba

ስዕል

plakát

የተለጠፈ ማስታወቂያ እንደ ስዕል

rádio

ራዲዮ

poznámkový blok

ማስታወሻ ደብተር

vysavač

የአየር ማፅጃ ለምንጣፍ

kaktus

ቁልቋል

svíce

ሻማ

kuchyně
ማድቤት

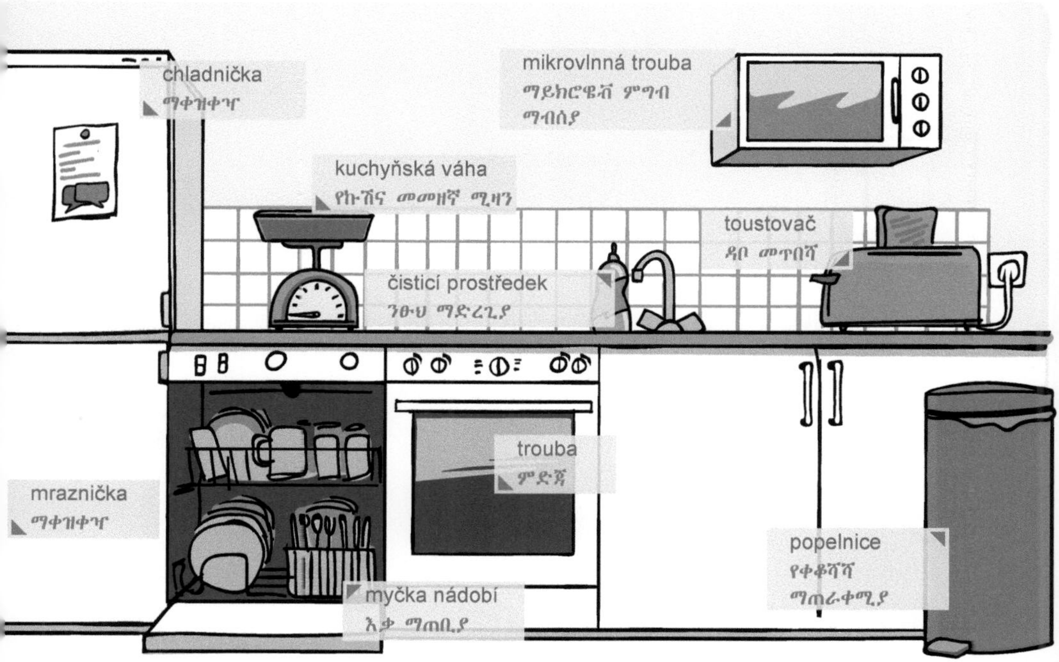

chladnička
ማቀዝቀዣ
mikrovlnná trouba
ማይክሮዌቭ ምግብ ማብሰያ
kuchyňská váha
የኩሽና መመዘኛ ሚዛን
toustovač
ዳቦ መጥበሻ
čisticí prostředek
ንፁህ ማድረጊያ
trouba
ምድጃ
mraznička
ማቀዝቀዣ
popelnice
የቆሻሻ ማጠራቀሚያ
myčka nádobí
እቃ ማጠቢያ

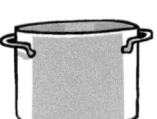

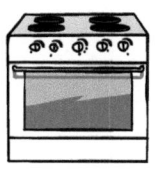

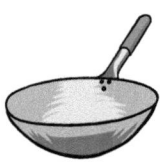

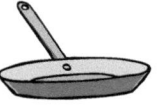

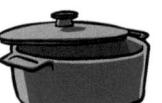

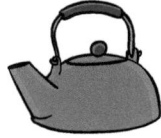

sporák
ምግብ አብሳይ

hrnec
ማሰሮ

litinový hrnec
የብረት ማሰሮ

wok / kadai
ምግብ ማብሰያ ዝርግ ድስት

pánev
የምግብ መጥበሻ

varná konvice
ማንቆርቆሪያ

parní hrnec

....

የእንፋሎት ማብሰያ

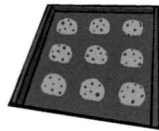

plech na pečení

....

የመጋገሪያ ትሪ

nádobí

....

ሰብስቦች

hrnek

....

ትልቅ ኩባያ

miska

....

ጎድጓዳ ሳህን

jídelní hůlky

....

ቾፕስቲክስ

naběračka

....

ጭልፋ

obracečka

....

መሰቅሰቂያ ዝርግ ማንኪያ

metla

....

ማደባለቂያ

síto

....

መወጠሪያ

cedník

....

ወንፊት

struhadlo

....

መፈርፈሪያ መሳሪያ

hmoždíř

....

ሲሚንቶ

gril

....

የፍም ጥብስ

ohniště

....

የተለቀቀ እሳት

prkénko na krájení

መክተፊያ

váleček na těsto

ተንሸራታች መርፌ

vývrtka

የጠርሙስ መክፈቻ

dóza

ጣሳ

otvírák na konzervy

የጣሳ መክፈቻ

chňapka

የማሰሮ መሸፈኛ

umyvadlo

ሳህን ማጠቢያ

kartáč na nádobí

ብሩሽ

houba

ስፖንጅ

mixér

መደባለቂያ መሳሪያ

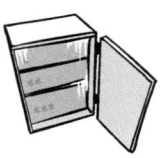

mrazák

በጣም ማቀዝቀዣ

dětská lahev

ጡጦ

kohoutek

ቧንቧ

koupelna

መታጠቢያ ቤት

topení
ručník
ፎጣ
sprcha
መታጠቢያ
sprchový závěs
የመታጠቢያ ቤት መጋረጃ
pěnová koupel
የአረፋ መታጠቢያ
vana
የመታጠቢያ ገንዳ
sklenička
ብርጭቆ
pračka
የልብስ ማጠቢያ
kohoutek
ቧንቧ
obkladačky
ማዕዘን ወለል
nočník
umyvadlo
ሳህን ማጠቢያ

záchod

ሽንት ቤት

turecký záchod

የሽንት ቤት መቀመጫ

bidet

ሳፋ

pisoár

የመንገድ ዳር መሽኛ

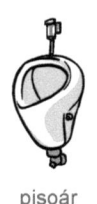

toaletní papír

የሽንት ቤት ወረቀት

záchodová štětka

የሽንት ቤት ማፅጃ ብሩሽ

zubní kartáček

የጥርስ ብሩሽ

zubní pasta

የጥርስ ሳሙና

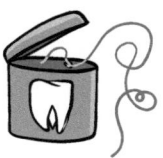

zubní niť

የጥርስ ማፅጃ ክር

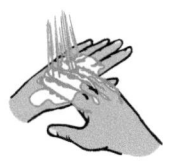

mýt

መታጠብ

ruční sprcha

የእጅ መታጠቢያ

intimní sprcha

መታጠቢያ

umyvadlo

ጎድጓዳ ሳህን

kartáč na záda

የጀርባ ብሩሽ

mýdlo

ሳሙና

sprchový gel

 የመታጠቢያ የሚዝለገለግ ሳሙና

šampón

የፀጉር መታጠቢያ ሳሙና

žínka

ለስላሳ ጨርቅ

odpad

ፍሳሽ

krém

ክሬም

deodorant

ጠረን መቀየሪያ ንጥረ ነገር

zrcadlo

መስታወት

kosmetické zrcátko

የእጅ መስታወት

holicí strojek

ምላጭ

pěna na holení

የመላጫ አረፋ

voda po holení

ከመላጨት በኋላ የሚቀባ ሽቱ

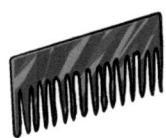

hřeben

ማበጠሪያ

kartáč

ብሩሽ

fén

የፀጉር ማድረቂያ

lak na vlasy

በፀጉር ላይ የሚነፋ

makeup

የፊት መቀባቢያ

rtěnka

የከንፈር ቀለም

lak na nehty

የጥፍር ቀለም

vata

የጥጥ ሱፍ

nůžky na nehty

ጥፍር መቁረጫ

parfém

ሽቶ

aška s toaletními potřebami

ማጠቢያ ባልዲ

stolička

መቀመጫ

váha

ሚዛን

župan

የመታጠቢያ ልብስ

gumové rukavice

የላስቲክ ጓንት

tampón

ሞዴስ

dámská vložka

የፅዳት ፎጣ

chemická toaleta

የሽንት ቤት ኬሚካል

dětský pokoj
የልጅ ክፍል

budík
የማንቂያ ደወል ሰዐት
plyšová hračka
የህፃን አሻንጉሊት
autíčko
የመጫወቻ መኪና
chrastítko
ማንገጫገጫ መጫወቻ
domeček pro panenky
የአሻንጉሊት ቤት
dárek
ስጦታ

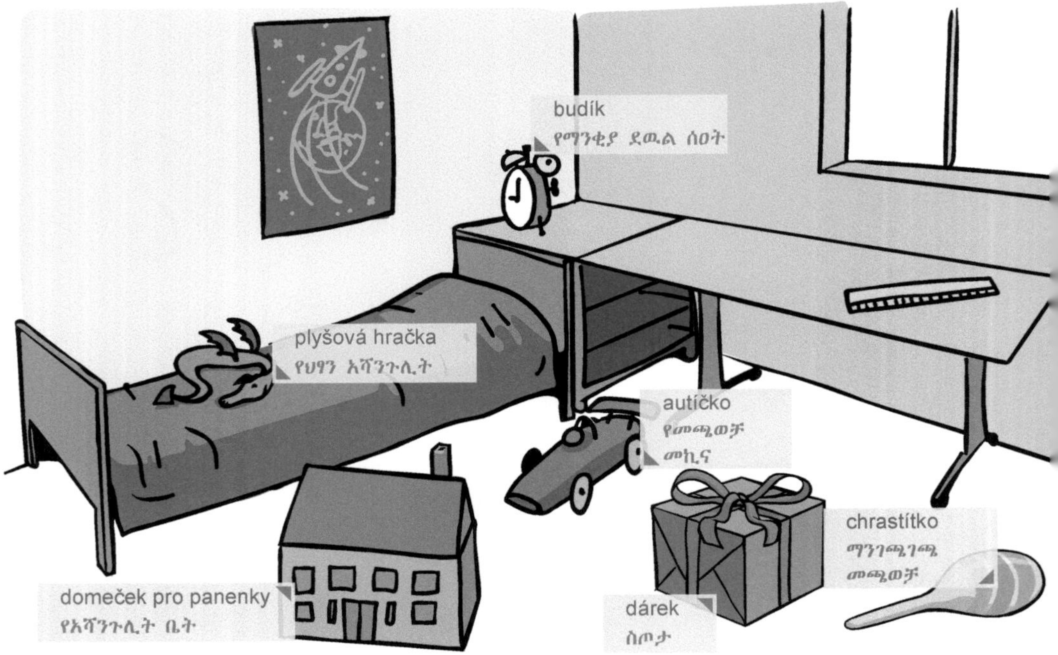

balón

ፊኛ

postel

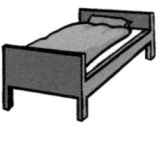

አልጋ

kočárek

የህፃን ማንሸራሸሪያ ጋሪ

balíček karet

የካርታ መጫወቻ

puzzle

ቁርጥራጭ ምስሎችን የማገጣጠም እና ምስል የማግኘት ጨዋታ

komiks

አዝናኝ

lego kostky

ተገጣጣሚ መጫወቻ

stavebnice

የመጫወቻ መገጣጠሚያዎች

akční figurka

የድርጊት ምስል

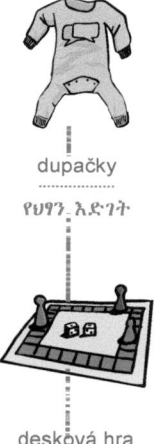

dupačky

የህፃን እድገት

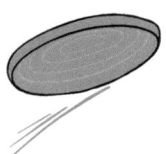

frisbee

የፕላስቲክ መጫወቻ ዝርግ ሰሀን

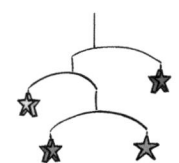

závěsné hračky nad postýlku

ተወዛዋዥ የህፃን ማጫወቻ

desková hra

የሰሌዳ ጨዋታ

kostky

የመጫወቻ ጠጠር

modelová železnice

የመጫወቻ ባቡር

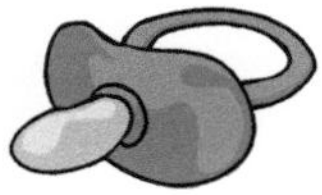

dudlík

የእንጀራ እናት ጡጦ

oslava

ድግስ

obrázková kniha

የስዕል መፅሀፍ

míč

ኳስ

panenka

አሻንጉሊት

hrát si

መጫወት

pískoviště

የአሸዋ መጫወቻ

houpačka

ዥዋዥዌ

hračky

መጫወቻዎች

hrací konzole

የቪዲዮ መጫወቻ

tříkolka

ባለ ሶስት ጎማ ብስክሌት

medvídek

የአሻንጉሊት ድብ

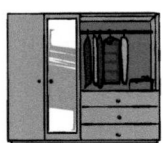

šatník

ቁምሳጥን

oblečení

አልባሳት

ponožky

ካልሲዎች

punčochy

ስቶኪንጎች

punčochové kalhoty

ታይት

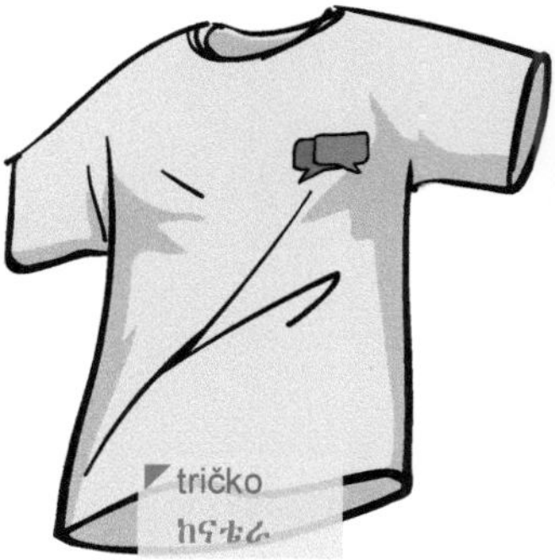

šála
የአንገት ልብስ

deštník
ገንጦላ

tričko
ከናቴራ

pásek
ቀበቶ

kozačky
ቡቲ

domácí obuv
የቤት ዉስጥ ነጠላ ጫማ

tenisky
ስኒከሮች

sandály

ነጠላ ጫማዎች

obuv

ጫማዎች

holínky

የዝናብ ቡትስ

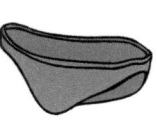

spodní prádlo

ሙታንታ

podprsenka

ጡት መያዣ

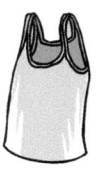

nátělník

ሰደርያ

body

ሰዉነት

kalhoty

ሱሪዎች

džíny

ጅንስ

sukně

ጉርድ ቀሚስ

blůza

ሸሚዝ

košile

ሸሚዝ

svetr

የሚጠለቅ ሹራብ

mikina

ሹራብ

blejzr

ዩኒፎርም ጃኬት

bunda

ጃኬት

kabát

ኮት

pláštěnka

የዝናብ ኮት

kostým

ልብስ

šaty

ቀሚስ

svatební šaty

የሙሽራ ቀሚስ

oblek

ሱፍ

noční košile

የለሊት ልብስ

pyžamo

የለሊት ልብስ

sárí

ረጅም ቀሚስ

šátek na hlavu

ሂጃብ

turban

ጥምጣም

burka

ቡርቃ

kaftan

ሽርጥ

abája

አባያ

plavky

የዋና ልብስ

pánské plavky

አጭር ቁምጣ

kraťasy

ቁምጣዎች

tepláková souprava

የስራ ቱታ

zástěra

ሽርጥ

rukavice

ጓንት

knoflík

ልፍ

brýle

መነፅር

náramek

አምባር

náhrdelník

የአንገት ሀብል

prsten

ቀለበት

náušnice

የጆሮ ጌጥ

čepice

ኮፍያ

ramínko

የኮት መስቀያ

klobouk

ኮፍያ

kravata

ከረቫት

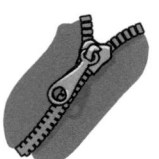

zip

ዚፕ

helma

የብረት ቆብ

kšandy

መደገፊያ

školní uniforma

የትምህርት ቤት የደንብ ልብስ

uniforma

የደንብ ልብስ

bryndák

መሃረብ

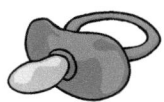

dudlík

የእንጀራ እናት ጡጦ

plena

ሽንት ጨርቅ

kancelář

ቢሮ

server

ማሰራጫ ጣቢያ

kartotéka

የፋይል መደርደሪያ ካቢኔ

tiskárna

የህትመት መሳሪያ

papír

ወረቀት

monitor

መቆጣጠሪያ

psací stůl

መፃፊያ ጠረጴዛ

myš

ማወዝ

šanon

ማህደር

klávesnice

የመፃፊ ቁልፎች

odpadkový koš na papír

የቆሻሻ ወረቀት መጣያ ቅርጫት

počítač

ኮምፒዉተር

židle

ወንበር

hrnek na kávu

የቡና መጠጫ ትልቅ ኩባያ

kalkulačka

ማስሊያ ማሽን

internet

ኢንተርኔት

notebook

ላፕቶፕ

dopis

ደብዳቤ

zpráva

መልዕክት

mobil

ተንቀሳቃሽ ስልክ

síť

የግንኙነት አዉታር

kopírka

ማባዣ ማሽን

software

ሶፍትዌር

telefon

ስልክ

zásuvka

የግድግዳ ሶኬት

fax

የፋክስ ማሽን

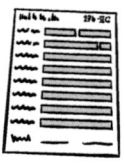

formulář

ቅፅ

dokument

ሰነድ

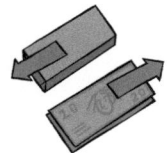

nakupovat

መግዛት

zaplatit

መክፈል

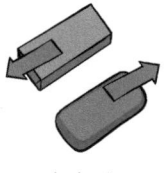

jednat

መነገድ

peníze

ገንዘብ

dolar

ዶላር

euro

ዩሮ

jen

የን

rubl

ሩብል

frank

የስዊዝ ፍራንክ

juan

ሬንሚንቢ ዩዋን

rupie

ሩጲ

bankomat

የገንዘብ ነጥብ

směnárna

የዉጭ ገንዘብ ምንዛሪ ቢሮ

zlato

ወርቅ

stříbro

ብር

olej

ዘይት

energie

ሀይል፤ ጉልበት

cena

ዋጋ

smlouva

ግንኙነት

daň

ቀረጥ

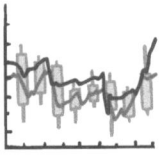

akcie

አክስዮን

pracovat

መስራት

zaměstnanec

ተቀጣሪ

zaměstnavatel

ቀጣሪ

továrna

ፋብሪካ

obchod

ሱቅ

policista
የፖሊስ አዛዥ
hasič
የእሳት አደጋ ሰራተኛ
kuchař
ምግብ አብሳይ
lékař
ዶክተር
pilot
አብራሪ

zahradník
....
አትክልተኛ

truhlář
....
አናጢ

švadlena
....
ልብስ ሰፊ ሴት

soudce
....
ዳኛ

chemik
....
ቀማሚ

herec
....
ተዋናይ

řidič autobusu

....

የአዉቶቢስ ሹፌር

řidič taxi

....

የታክሲ ሹፌር

rybář

....

አሳ አጥማጅ

uklízečka

....

ፅዳት ሰራተኛ

pokrývač

....

የጣራ ሰራተኛ

číšník

....

አስተናጋጅ

myslivec

....

አዳኝ

malíř

....

ሰዓሊ

pekař

....

ጋጋሪ

elektrikář

....

የኤሌትሪክ ሰራተኛ

stavební dělník

....

ገምቢ

inženýr

....

መሃሃዲስ

řezník

....

ልኳንዳ

klempíř

....

የቧንቧ ሰራተኛ

listonoš

....

የፖስታ ሰራተኛ

voják

ወታደር

architekt

መሃንዲስ

pokladní

የሒሳብ ሰራተኛ

florista

አበባ ሻጭ

kadeřník

የፀጉር ሰራተኛ

průvodčí

ቲኬት ቆራጭ

mechanik

መካኒክ

kapitán

ካፒቴን

zubař

የጥርስ ሐኪም

vědec

ተመራማሪ

rabín

መምህር

imám

የሙስሊም ሃይማኖታዊ መሪ

mnich

መነኩሴ

duchovní

ካህን

nářadí

መሳሪያዎች

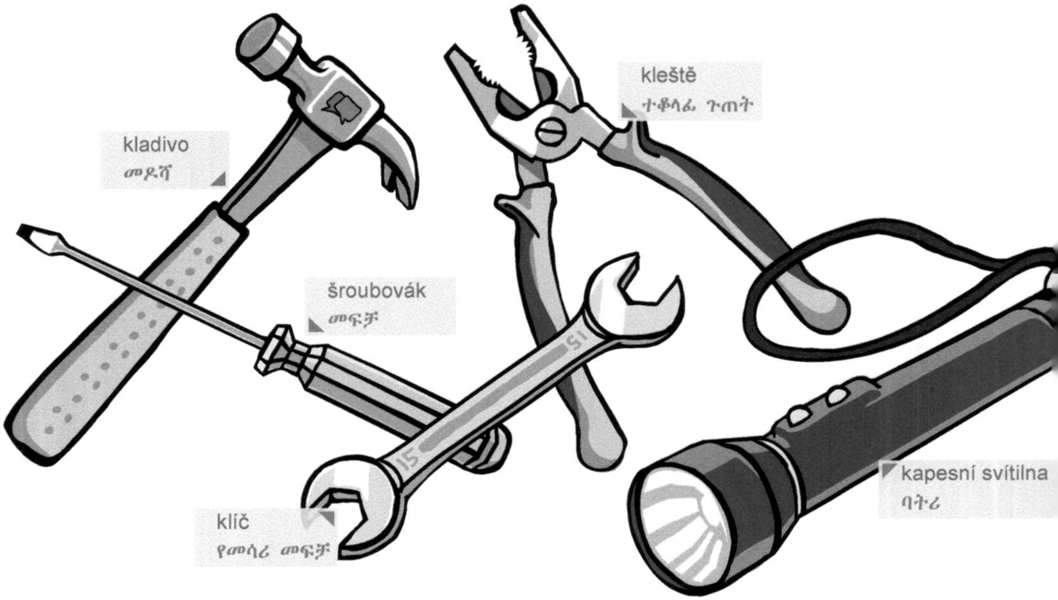

kladivo
መዶሻ
kleště
ተቆላፊ ጉጠት
šroubovák
መፍቻ
klíč
የመሳሪ መፍቻ
kapesní svítilna
ባትሪ

bagr

በቁፋሮ የሚዝቅ

skříň na nářadí

የመፍቻ ሳጥን

žebřík

መሰላል

pila

መጋዝ

hřebíky

ምስማር

vrtačka

መሰርሰሪያ

opravit

መጠገን

lopata

አካፋ

Kurva!

የተረገመ!

lopatka

ቆሻሻ ማፈሻ

vědroé na barvu

የቀለም ቆርቆሮ

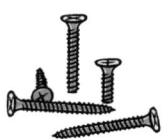

šrouby

ብሎን

hudební nástroje
የሙዚቃ መሳሪያዎች

reproduktor

የድምፅ ማጉያ
መሳርያ

bicí

የከበሮ መሳሪያዎች

kytara

ክራር መሰል የሙዚቃ
መሳሪያ

kontrabas

ድርብ ቤዝ ጊታር

trubka

የትንፋሽ ሙዚቃ
መሳሪያ

klavír

ፒያኖ

housle

ቫዮሊን

basa

ወፍራም፤ ጎርናና ድምፅ ያለዉ
ክራር መሰል ሙዚቃ መሳሪያ

tympán

ነጋሪት

bubny

ከበሮ

keyboard

በኤሌክትሪክ የሚሰራ ፒኖ

saxofon

የትንፋሽ ሙዚቃ መሳሪያ

flétna

ዋሽንት

mikrofon

የድምፅ ማጉያ

vstup
መግቢያ
tygr
ነብር
klec
ሳጥን
zebra
የሜዳ አህያ
krmivo pro zvířata
የእንስሳ ምግብ
panda
ትልቅ ድብ

zvířata

እንስሳቶች

slon

ዝሆን

klokan

ካንጋሮ

nosorožec

አዉራሪስ

gorila

ትልቅ ዝንጀሮ

medvěd

ድብ

velbloud

ግመል

pštros

ሰጎን

lev

አንበሳ

opice

ጦጣ

plameňák

ቅልጥመ ረዥም ወፍ

papoušek

በቀቀን

lední medvěd

የወዋልታ ድብ

tučňák

የዋልታ ወፎች

žralok

ረጅም ጥርሶች ያሉትአሳ ነባሪ

páv

ጣዎስ

had

እባብ

krokodýl

አዞ

ošetřovatel zvířat

የዱር አራዊት የሚጠበቁበት
ማቆያን የሚጠብቅ

tuleň

አሳ በሊታ የባህር እንስሳ

jaguár

የዱር ድመት

poník

ድንክ ፈረስ

leopard

ነብር

hroch

ጉማሬ

žirafa

ቀጭኔ

orel

ንስር

divoké prase

ከርከሮ

ryby

አሳ

želva

የባህር ኤሊ

mrož

የባህር አዉሬ

liška

ቀበሮ

gazela

የሜዳ ፍየል ፤ ሚዳቋ

sport

የስፖርት አይነቶች

americký fotbal
የአሜሪካ እግርኳስ
cyklistika
የብስክሌት ስፖርት
tenis
ቴኒስ
košíková
የቅርጫት ኳስ
plavání
ዋና
box
የቡጢ ስፖርት
lední hokej
የበረዶ ላይ የገና ጨዋታ

kopaná

እግር ኳስ

badminton

የላበ ኳስ ጨዋታ

lehká atletika

አትሌቲክስ

házená

የእጅ ኳስ ስፖርት

běh na lyžích

የበረዶ መንሸራተት ስፖርት

vodní pólo

ፈረስ ግልቢያ

aktivity
እንቅስቃሴዎች

smát se
መሳቅ
skočit
መዝለል
objímat
ማቀፍ
jít
መራመድ
zpívat
መዘመር
snít
ህልም ማለም
modlit se
መፀለይ
políbit
መሳም

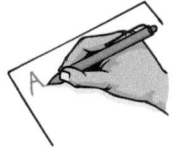

psát

መፃፍ

kreslit

መሳል

ukazovat

ማሳየት

tlačit

መግፋት

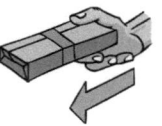

dát

መስጠት

vzít si

መዉሰድ

mít

መያዝ

dělat

ማድረግ

být

መሆን

stát

መቆም

běhat

መሮጥ

táhnout

መሳብ

hodit

መወርወር

padat

መዉደቅ

ležet

መዋሸት

čekat

መጠበቅ

nosit

መሸከም

sedět

መቀመጥ

oblékat

መልበስ

spát

መተኛት

vzbudit se

መንቃት

prohlédnout si

መመልከት

plakat

ማለልቀስ

pohladit

መጫር

česat

ማበጠር

hovořit

ማዉራት

rozumět

መረዳት

ptát se

ጥያቄ

slyšet

ማዳመጥ

pít

መጠጣት

jíst

መብላት

uklidit

ማንፃት

milovat

ማፍቀር

vařit

ምግብ ማብሰል

jet

መንዳት

letět

መብረር

plachtit

መርከብ መንዳት

počítat

ቁጥሮችን ማስላት

číst

ማንበብ

učit se

መማር

pracovat

መስራት

vzít si

ማግባት

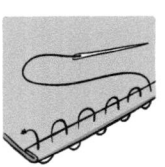

šít

መስፋት

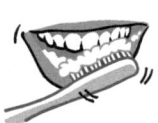

čistit si zuby

ጥርስ መቦረሽ

zabít

መግደል

kouřit

ማጨስ

poslat

መላክ

babička
የሴት አያት

dědeček
የወንድ አያት

otec
አባት

matka
እናት

dítě
ህፃን

dcera
ሴት ልጅ

syn
ወንድ ልጅ

host

እንግዳ

teta

አክስት

strýc

አጎት

bratr

ወንድም

sestra

እህት

tělo

አካል

čelo
ግንባር
oko
አይን
obličej
ፊት
brada
አገጭ
rameno
ትከሻ
prst
ጣት
ruka
እጅ
dolní končetina
እግር
hruď
ጡት
paže
ክንድ

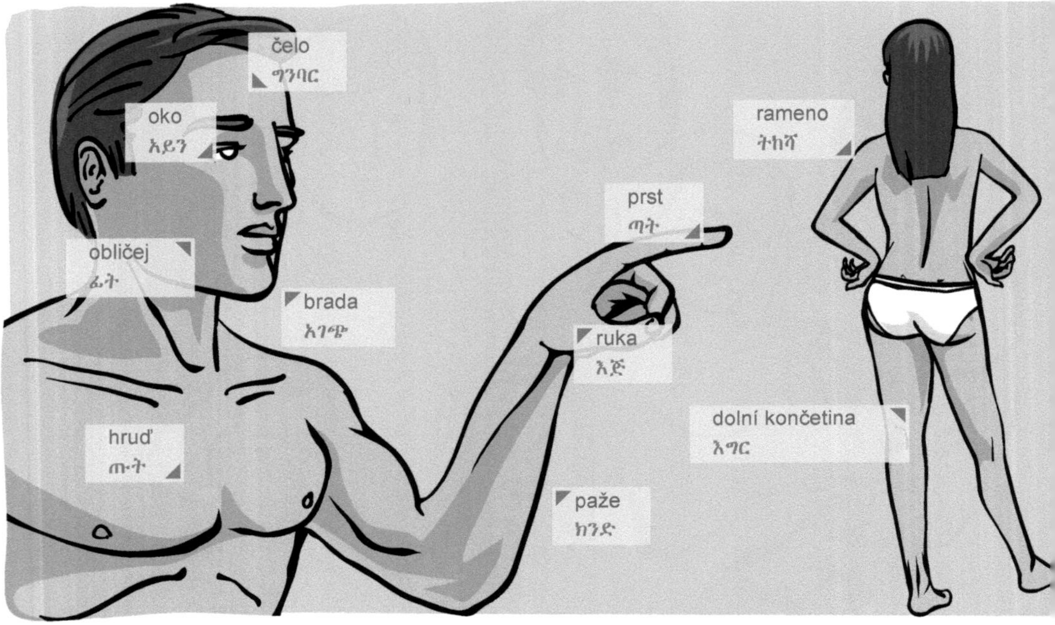

dítě

ህፃን

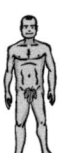

muž

ሰዉ

žena

ሴት

dívka

ልጃገረድ

chlapec

ወንድ ልጅ

hlava

ራስ

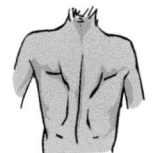

záda

ጀርባ

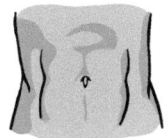

břicho

ሆድ

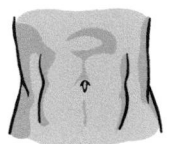

pupík

እምብርት

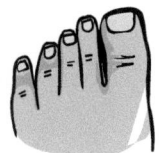

prst na noze

የእግር ጣት

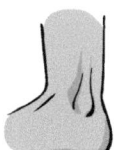

pata

ተረከዝ

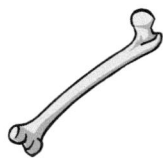

kost

አጥንት

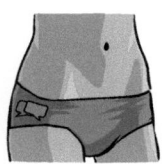

bok

ዳሌ

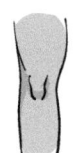

koleno

ጉልበት

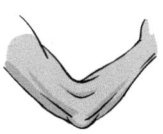

loket

ክርን

nos

አፍንጫ

zadek

ቂጥ

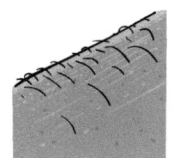

kůže

ቆዳ

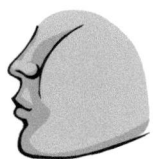

tvář

ጉንጭ

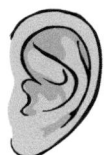

ucho

ጆሮ

ret

ከንፈር

ústa

አፍ

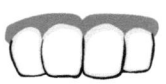

zub

ጥርስ

jazyk

ምላስ

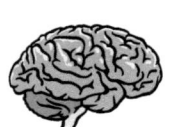

mozek

አንጎል

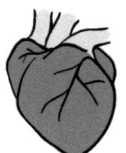

srdce

ልብ

sval

ጡንቻ

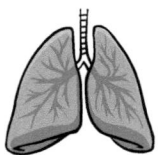

plíce

ሳምባ

játra

ጉበት

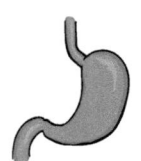

žaludek

ሆድ

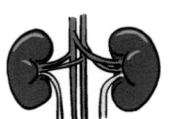

ledviny

ኩላሊቶች

pohlavní styk

የግብረስጋ ግንኙነት

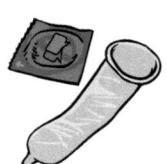

kondom

ኮንዶም

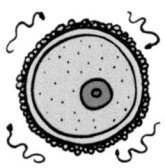

vajíčko

የሴት እንቁላል

sperma

የዘር ፈሳሽ

těhotenství

እርግዝና

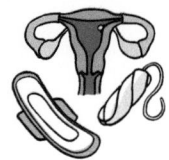

menstruace

የወር አበባ

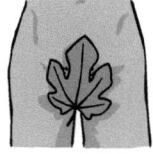

vagina

እምስ

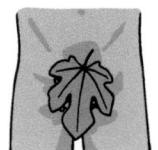

penis

ቁላ

obočí

ቅንድብ

vlasy

ፀጉር

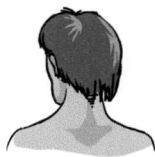

krk

አንገት

nemocnice

ሆስፒታል

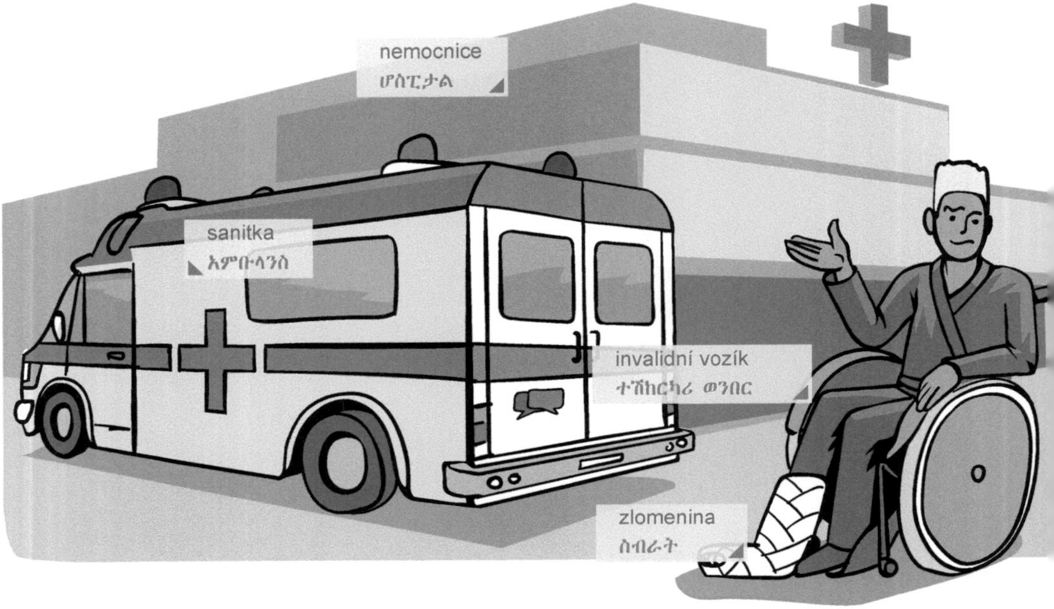

sanitka
አምቡላንስ
invalidní vozík
ተሽከርካሪ ወንበር
zlomenina
ስብራት

lékař

ዶክተር

pohotovost

ድንገተኛ ክፍል

zdravotní sestra

ነርስ

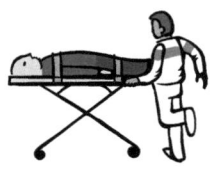

urgentní případ

ድንገተኛ

v bezvědomí

ራስን መሳት/ አለማወቅ

bolest

ህመም

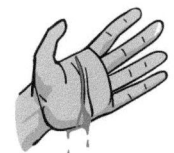

úraz

ጉዳት

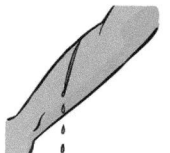

krvácení

መድማት

infarkt myokardu

የልብ ድካም

cévní mozková příhoda

ስትሮክ

alergie

አለርጂ

kašel

ሳል

horečka

ትኩሳት

chřipka

ኢንፍሉዌንዛ

průjem

ተቅማጥ

bolest hlavy

የራስ ምታት

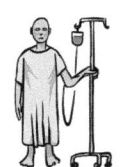

rakovina

ካንሰር

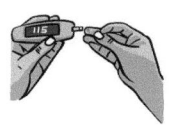

cukrovka

የስኳር በሽታ

chirurg

ቀዶ ጠጋኝ ሐኪም

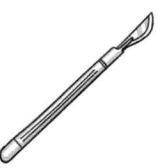

skalpel

የቀዶ ጥገና ስለት

operace

ቀዶ ጥገና

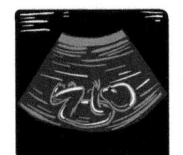

CT

ሲቲ

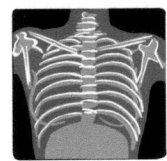

rentgen

ኤክስሬይ

ultrazvuk

አልትራሳዉንድ

maska

የፊት ጭምብል

nemoc

በሽታ

čekárna

መጠበቂያ ክፍል

berle

ምርኩዝ

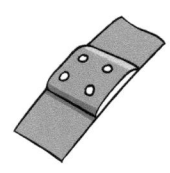

náplast

የቁስል ማሸጊያ

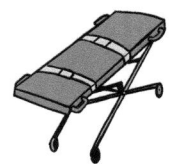

obvaz

ፋሻ

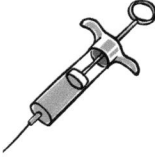

injekce

መርፌ

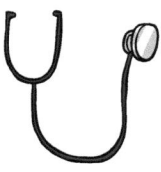

stetoskop

የልብ ምት ማዳመጫ መሳሪያ

nosítka

የበሽተኛ አልጋ

teploměr

የህክምና ሙቀት መለኪያ መሳሪያ

porod

መውለድ

nadváha

ክልክ ያለፈ ክብደት

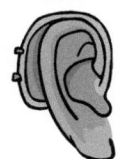

naslouchátko

ለመስማት የሚረዳ መሳሪያ

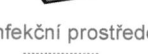

dezinfekční prostředek

ፀረ ተባይ መድሀኒት

infekce

ማመርቀዝ

virus

ቫይረስ

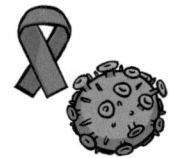

HIV / AIDS

ች አይቪ ድስ

lékařství

ህክምና

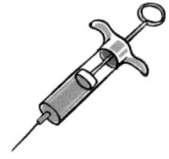

očkování

ክትባት

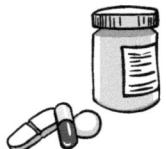

tablety

ኪኒን

pilulka

ኪኒን

tísňové volání

አስ ኳይ የስልክ ጥሪ

tonometr

ም ግፊት መቆጣጠሪያ

nemocný / zdravý

ህመም/ ጤንነት

urgentní případ

ድንገተኛ

Pomoc!

እርዳታ!

poplach

ማንቂያ ደዉል

přepadení

ጥቃት

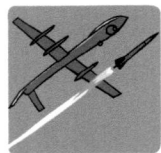

napadení

ድብደባ

nebezpečí

አደጋ

nouzový východ

የድንገተኛ መዉጫ

Hoří!

እሳት!

hasicí přístroj

እሳት ማጥፊያ

nehoda

አደጋ

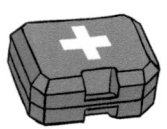

zdravotnická brašna

የመጀመሪያ እርዳታ መድሃኒት መያዣ

SOS

ነፍስ አድን

policie

ፖሊስ

Evropa

አዉሮፓ

Severní Amerika

ሰሜን አሜሪካ

Jižní Amerika

ደቡብ አሜሪካ

Afrika

አፍሪካ

Asie

እስያ

Austrálie

አዉስትራሊያ

Atlantik

አትላንቲክ

Pacifik

ፓስፊክ

Indický oceán

የህንድ ዉቅያኖስ

Jižní ledový oceán

አንታርክቲክ ዉቅያኖስ

Severní ledový oceán

አርክቲክ ዉቅያኖስ

severní pól

ሰሜን ዋልታ

jižní pól

ደቡብ ዋልታ

Antarktida

አንታርክቲካ

země

ምድር

pevnina

መሬት

moře

ባህር

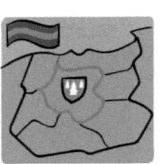

ostrov

ደሴት

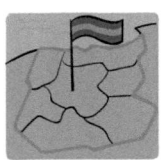

národ

አገርና ህዝብ

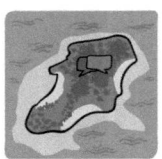

stát

መንግስት

hodiny
ሰዓት

ciferník

የሰዓት ገፅታ

hodinová ručička

ሰዓት

minutová ručička

ደቂቃ

vteřinová ručička

ሴኮንድ

Kolik je hodin?

ስንት ሰዓት ነው?

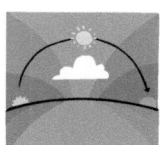

den

ቀን

čas

ጊዜ

teď

አሁን

digitální hodinky

የቁጥር ሰዐት

minuta

ደቂቃ

hodina

ሰዓታት

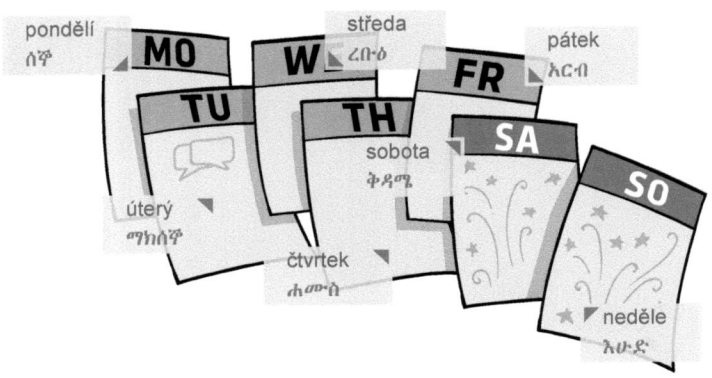

týden
ሳምንት

MO
TU
W
TH
FR
SA
SO
pondělí
ሰኞ
úterý
ማክሰኞ
středa
ረቡዕ
čtvrtek
ሐሙስ
pátek
sobota
ቅዳሜ
neděle
እሁድ

1

včera

ትላንት

2

dnes

ዛሬ

3

zítra

ነገ

ráno

ማለዳ

poledne

ቀትር

večer

ምሽት

MO TU WE TH FR SA SU
1 2 3 4 5 6 7
8 9 10 11 12 13 14
15 16 17 18 19 20 21
22 23 24 25 26 27 28
29 30 31 1 2 3 4

pracovní dny

የስራ ቀናት

MO TU WE TH FR SA SU
1 2 3 4 5 6 7
8 9 10 11 12 13 14
15 16 17 18 19 20 21
22 23 24 25 26 27 28
29 30 31 1 2 3 4

víkend

የዕረፍት ቀናት

déšť
ዝናብ
duha
ቀስተ ዳመና
sníh
ጥጥ የሚመስል አመዳይ
በረዶ
v
jaro
léto
በጋ
podzim
መኸር
zima
ክረምት

4.APRIL 11°
5.APRIL 4°
6.APRIL 13°
7.APRIL 8°
8.APRIL 10°

předpověď počasí

የአየር ሁኔታ ትንበያ

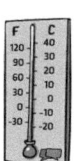

teploměr

የሙቀት መለኪያ

sluneční svit

የፀሀይ ሙቀት

mrak

ደመና

mlha

ጭጋግ

vlhkost

እርጥበታማነት

blesk

መብረቅ

hrom

ነጎድጓድ

bouřka

አዉሎ ንፋስ

kroupy

የበረዶ ዝናብ

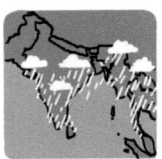

monzun

አዉሎ ንፋስ

povodeň

ጎርፍ

led

በረዶ

leden

ጥር

únor

የካቲት

březen

መጋቢት

duben

ሚያዚያ

květen

ግንቦት

červen

ሰኔ

červenec

ሐምሌ

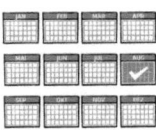

srpen

ነሀሴ

září

መስከረም

říjen

ጥቅምት

listopad

ህዳር

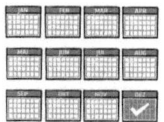

prosinec

ታህሳስ

tvary

ቅርፆች

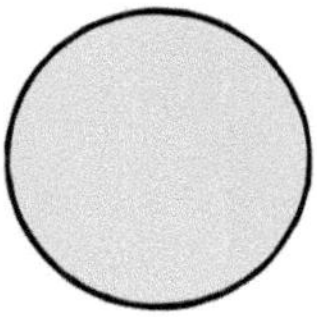

kruh

ክብ

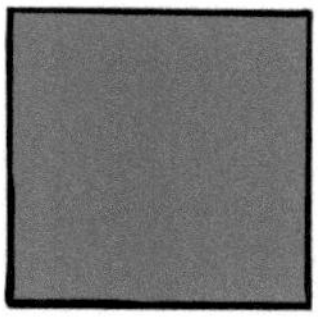

čtverec

አራት ማዕዘን

obdélník

አራት ቀጥተኛ ማዕዘኖች ጎኖች ያሉት ቅርፅ

trojúhelník

ሶስት ማዕዘን

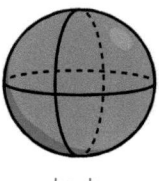

koule

ሉል

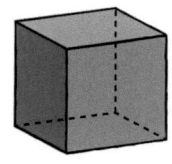

krychle

ስድስት ጎን ያለዉ ቅርፅ

barvy

ቀለማት

bílá

ነጭ

žlutá

ቢጫ

oranžová

ብርቱካናማ

růžová

ሮዝ

červená

ቀይ

fialová

ወይን ጠጅ

modrá

ሰማያዊ

zelená

አረንጓዴ

hnědá

ቡኒ

šedá

ግራጫ

černá

ጥቁር

hodně / málo

ብዙ/ ጥቂት

rozzuřený / mírumilovný

ንዴት/ እርጋታ

krásný / ošklivý

ቆንጆ/ አስቀያሚ

začátek / konec

ጅማሬ/ ፍፃሜ

velký / malý

ትልቅ/ ትንሽ

světlý / tmavý

ደማቅ/ ደብዛዛ

bratr / sestra

ወንድም/ እህት

čistý / špinavý

ንፁህ/ ቆሻሻ

úplný / neúplný

የተሟላ/ ያልተሟላ

den / noc

ቀን/ ምሽት

mrtvý / živý

የሞተ/ ህያዉ

široký / úzký

ሰፊ/ ጠባብ

jedlý / nejedlý

የሚበላ/ የማይበላ

zlý / hodný

ክፉ/ ደግ

vzrušený / znuděný

ደስተኛ/ ድብርተኛ

tlustý / hubený

ወፍራም/ ቀጭን

nejdříve / naposledy

መጀመርያ/ መጨረሻ

přítel / nepřítel

ጓደኛ/ ጠላት

plný / prázdný

ሙሉ/ ጎዶሎ

tvrdý / měkký

ጠንካራ/ ለስላሳ

těžký / lehký

ከባድ/ ቀላል

hlad / žízeň

ረሃብ/ ጥማት

nemocný / zdravý

ህመም/ ጤንነት

ilegální / legální

ህገወጥ/ ህጋዊ

inteligentní / hloupý

ጎበዝ/ ደደብ

vlevo / vpravo

ግራ/ ቀኝ

blízko / daleko

ቅርብ/ ሩቅ

nový / použitý

አዲስ/ አሮጌ

nic / něco

ምንም/ የሆነ ነገር

starý / mladý

ሽማግሌ/ ወጣት

zapnutý / vypnutý

የበራ/ የጠፋ

otevřeno / zavřeno

ክፍት/ ዝግ

tichý / hlasitý

ፀጥታ/ ጫጫታ

bohatý / chudý

ሃብታም/ ደሃ

správný / špatný

ትክክለኛ/ የተሳሳተ

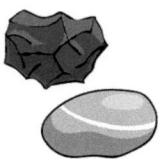

drsný / hladký

ሻካራ/ ለስላሳ

smutný / šťastný

ሐዘን/ ደስታ

krátký / dlouhý

አጭር/ ረዥም

pomalý / rychlý

ዝግተኛ/ ፈጣን

vlhký / suchý

እርጥብ/ ደረቅ

teplý / chladný

ሞቃት/ ቀዝቃዛ

válka / mír

ጦርነት/ ሰላም

čísla

ቁጥሮች

0	1	2
nula	jedna	dva
ዜሮ	አንድ	ሁለት
3	4	5
tři	čtyři	pět
ሶስት	አራት	አምስት
6	7	8
šest	sedm	osm
ስድስት	ሰባት	ስምንት
9	10	11
devět	deset	jedenáct
ዘጠኝ	አስር	አስራ አንድ

12

dvanáct

አስራ ሁለት

13

třináct

አስራ ሶስት

14

čtrnáct

አስራ አራት

15

patnáct

አስራ አምስት

16

šestnáct

አስራ ስድስት

17

sedmnáct

አስራ ሰባት

18

osmnáct

አስራ ሰስምንት

19

devatenáct

አስራ ዘጠኝ

20

dvacet

ሃያ

100

sto

መቶ

1.000

tisíc

ሺህ

1.000.000

milion

ሚሊዮን

jazyky
ቋንቋዎች

angličtina

ንግሊዝኛ

americká angličtina

አሜሪካ ንግሊዝኛ

standardní čínština

ይና ማንዳሪን

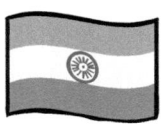

hindština

ንዱ

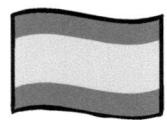

španělština

ስፓኒሽ

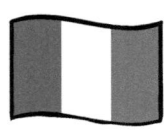

francouzština

ሬንች

arabština

አረብኛ

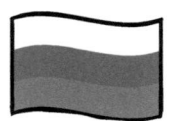

ruština

ራሺያኛ

portugalština

ፖርቹጊዝ

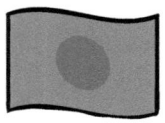

bengálština

ቤንጋሊ

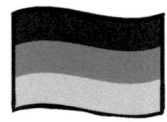

němčina

ጀርመን

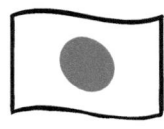

japonština

ጃፓንኛ

Kdo / co / jak
ማን/ ምን/ እንዴት

já

እኔ

ty

አንተ

on / ona / ono

እሱ/ እርሷ/ እቃዉ

my

እኛ

vy

አንተ

oni

እነርሱ

Kdo?

ማን?

Co?

ምን?

Jak?

እንዴት?

Kde?

የት?

Kdy?

መቼ?

jméno

ስም

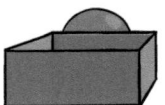

kde

የት

za

በስተጀርባ

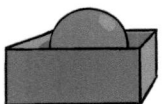

do

ዉስጥ

z

ከፊት ለፊት

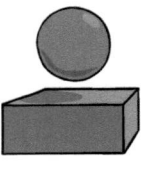

nad

ከላይ

na

ላይ

mezi

ከስር

vedle

አጠገብ

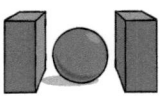

mezi

መሃከል

místo

ቦታ